DU 12 JUILLET 1905

CONCERNANT

LA COMPÉTENCE DES JUSTICES DE PAIX

DE L'UTILITÉ ET DES AVANTAGES PRATIQUES

De cette Loi

PAR

Frédéric CHABANON

Défenseur agréé

MONTPELLIER

MONTPELLIER
IMPRIMERIE Gust. FIRMIN, MONTANE et SICARDI
Rue Ferdinand-Fabre et Quai du Verdanson

—

1905

LOI DU 12 JUILLET 1905

CONCERNANT

LA COMPÉTENCE DES JUSTICES DE PAIX

NOTICE

Nous n'avons pas eu l'intention, en présentant cette notice au lecteur, de faire un travail de longue haleine et une étude savante de la loi du 12 juillet 1905 sur l'extension de la compétence des Juges de Paix. Notre but a été plus modeste : nous avons voulu, dans quelques pages sans prétention, causer avec notre lecteur d'une loi nouvelle qui intéresse toutes les classes de la société et que chacun a intérêt à connaître autant par besoin immédiat que par mesure préventive en vertu du vieil adage « Si vis pacem para bellum », car la guerre, à coup de papiers timbrés, n'est pas rare dans notre siècle processif à outrance.

Nous croyons être utile à tous en propageant cette étude, et nous serons heureux si sa lecture peut leur rendre service.

Loi du 12 Juillet 1905

Ci-dessous la copie textuelle de la loi jusqu'à l'article 17 inclus finissant le titre 1er ; le titre II traitant de questions purement administratives, il me paraît inutile de le reproduire.

TITRE PREMIER

DE LA COMPÉTENCE CIVILE DES JUGES DE PAIX

ARTICLE PREMIER. — Les juges de paix connaissent, en matière civile, de toutes actions purement personnelles ou mobilières en dernier ressort jusqu'à la valeur de 300 francs, et à charge d'appel jusqu'à la valeur de 600 francs.

ART. 2. — Les juges de paix prononcent sans appel jusqu'à la valeur de 300 francs, et à charge d'appel jusqu'au taux de la compétence en dernier ressort des tribunaux de première instance, sur les contestations :

1° Entre les hôteliers, aubergistes ou logeurs et les voyageurs ou locataires en garni, leurs répondants ou cautions, pour dépense d'hôtellerie et perte ou avarie d'effets déposés dans l'auberge ou dans l'hôtel ;

2° Entre les voyageurs et les entrepreneurs de transports par terre ou par eau, les voituriers ou bateliers, pour retards, frais de route et pertes ou avarie d'effets accompagnant les voyageurs ;

3° Entre les voyageurs et les carrossiers ou autres ouvriers, pour fournitures, salaires et réparations faites aux voitures et aux véhicules de voyage ;

4° Sur les contestations à l'occasion des correspondances et objets recommandés et des envois de valeur déclarée, grevés ou non de remboursement.

Dans le cas du paragraphe 4°, la demande pourra être portée, soit devant le juge de paix du domicile de l'expéditeur, soit devant le juge de paix du domicile du destinataire, au choix de la partie la plus diligente.

ART. 3. — Les juges de paix connaissent sans appel jusqu'à la valeur de 300 francs, et à charge d'appel à quelque valeur que la demande puisse s'élever :

Des actions en paiement de loyers ou fermages ;

Des congés ;

Des demandes en résiliation de baux fondées, soit sur le défaut de paiement des loyers ou fermages, soit sur l'insuffisance des meubles garnissant la maison, ou de bestiaux et ustensiles nécessaires à l'exploitation d'après les articles 1752 et 1766 du Code civil, soit enfin sur la destruction de la totalité de la chose louée, prévue par l'article 1722 du Code civil ;

Des expulsions de lieux ;

Des demandes en validité et en nullité ou mainlevée de saisies-gageries pratiquées en vertu des articles 819 et 820 du Code de procédure civile, ou de saisies-revendications portant sur des meubles déplacés sans le consentement du propriétaire, dans les cas prévus aux articles 2102, paragraphe 1°, du Code civil et 819 du Code de procédure civile, à moins que dans ce dernier cas, il n'y ait contestation de la part d'un tiers ;

Le tout lorsque les locations verbales ou écrites n'excèdent pas annuellement 600 francs.

Si le prix principal du bail se compose en totalité ou en partie de denrées ou prestations en nature appréciables d'après les mercuriales, l'évaluation en sera faite sur les mercuriales du jour de l'échéance, lorsqu'il s'agira du paiement des fermages ; dans tous les autres cas, elle aura lieu suivant les mercuriales du mois qui aura précédé la demande.

S'il comprend des prestations non appréciables d'après les mercuriales, ou s'il s'agit de baux à colons partiaires, le juge de paix déterminera la compétence en prenant pour base du revenu de la propriété le principal de la contribution foncière de l'année courante multiplié par cinq.

Art. 4. — Les juges de paix connaissent sans appel jusqu'à la valeur de 300 francs, et à charge d'appel à quelque chiffre que la demande puisse s'élever :

Des réparations locatives des maisons ou fermes ;

Des indemnités réclamées par le locataire ou fermier pour non-jouissance provenant du fait du bailleur lorsque le droit à une indemnité n'est pas contesté ;

Des dégradations et pertes dans les cas prévus par les articles 1732 et 1735 du Code civil.

Néanmoins, le juge de paix ne connaît des pertes causées par incendie ou inondation que dans les limites posées par l'article premier de la présente loi.

Art. 5. — Les juges de paix connaissent également sans appel jusqu'à la valeur de 300 francs, et à charge d'appel à quelque valeur que la demande puisse s'élever :

1° Des contestations relatives aux engagements respectifs des gens de travail au jour, au mois et à l'année, et de ceux qui les emploient ; des maîtres, domestiques ou gens de service à gages ; des maîtres ou patrons et de leurs ouvriers ou apprentis, sans néanmoins qu'il soit dérogé aux lois et règlements relatifs soit à la juridiction commerciale, soit à celle des prud'hommes, soit au contrat d'apprentissage ni aux lois sur les accidents du travail ;

2° Des contestations relatives au paiement des nourrices.

Art. 6. — Les juges de paix connaissent encore sans appel jusqu'à la valeur de 300 francs, et à charge d'appel à quelque valeur que la demande puisse s'élever :

1° Des actions pour dommages faits aux champs, fruits et récoltes, soit par l'homme, soit par les animaux, dans les conditions prévues par les articles 1382 à 1385 du Code civil ;

2° Des actions relatives à l'élagage des arbres et haies et au curage soit des fossés, soit des canaux servant à l'irrigation des propriétés ou au mouvement des usines, lorsque les droits de propriété ou de servitude ne sont pas contestés ;

3° Des actions civiles pour diffamations ou pour injures publiques ou non publiques, qu'elles soient verbales ou par écrit, autrement que par la voie de la presse ; des mêmes actions pour rixes ou voies de fait, le tout lorsque les parties ne se sont pas pourvues par la voie criminelle ;

4° De toutes demandes relatives aux vices rédhibitoires dans les cas prévus par la loi du 2 août 1884, soit que les animaux qui en sont l'objet aient été vendus, soit qu'ils aient été échangés, soit qu'ils aient été acquis par tout autre mode de transmission ;

5° Des contestations entre les compagnies ou administrations de chemins de fer ou tous autres transporteurs et les expéditeurs ou les destinataires, relatives à l'indemnité afférente à la perte, à l'avarie, au détournement d'un colis postal du service continental intérieur, ainsi qu'aux retards apportés à la livraison. Ces indemnités ne pourront excéder les tarifs prévus aux conventions intervenues entre les compagnies ou autres transporteurs concessionnaires et l'Etat.

Seront considérés, à ce point de vue, comme appartenant au service continental intérieur, les colis postaux échangés entre la France continentale, la Corse, la Tunisie et l'Algérie.

Dans le cas du paragraphe 5, la demande pourra être portée soit devant le juge de paix du domicile de l'expéditeur, soit devant le juge de paix du domicile du destinataire, au choix de la partie la plus diligente.

Art. 7. — Les juges de paix connaissent, à charge d'appel :

1° Des demandes en pension alimentaire n'excédant pas en totalité 600 francs par an, fondées sur les articles 205, 206, 207 du Code civil. S'il y a plusieurs défendeurs à la demande en pension alimentaire, ils pourront être cités devant le tribunal de paix du domicile de l'un d'eux au choix du demandeur ;

2° Des entreprises commises dans l'année sur les cours d'eau servant à l'irrigation des propriétés et au mouvement des usines et moulins, sans préjudice des attributions de l'autorité administrative dans les cas déterminés par les lois et règlements ; dénonciations de nouvel œuvre, complaintes, actions en réintégrande et autres actions possessoires fondées sur des faits également commis dans l'année ;

3° Des actions en bornage et de celles relatives à la distance prescrite par la loi, les règlements particuliers et l'usage des lieux, pour les plantations d'arbres ou de haies, lorsque la propriété ou les titres qui l'établissent ne sont pas contestés ;

4° Des actions relatives aux constructions et travaux énoncés dans l'article 674 du Code civil, lorsque la propriété ou la mitoyenneté du mur ne sont pas contestées ;

5° Des demandes en paiement des droits de place perçus par les communes ou leurs concessionnaires, lorsqu'il n'y a pas contestation sur l'interprétation de l'article ou des articles servant de base à la poursuite. L'affaire sera jugée devant le juge de paix du lieu où la perception est due ou réclamée.

Art 8. — Lorsque plusieurs demandes formulées par la même partie contre le même défendeur seront réunies dans une même instance, le juge de paix ne prononcera qu'en premier ressort, si leur valeur totale s'élève au-dessus de 300 francs, lors même que quelqu'une de ces demandes serait inférieure à cette somme.

Il sera incompétent sur le tout, si ces demandes excèdent, par leur réunion, les limites de sa juridiction.

ART. 9 — La demande formée par plusieurs demandeurs ou contre plusieurs défendeurs collectivement et en vertu d'un titre commun sera jugée en dernier ressort, si la part afférente à chacun des demandeurs dans la demande n'est pas supérieure à 300 francs ; elle sera jugée pour le tout en premier ressort, si la part d'un seul des intéressés excède cette somme ; enfin, le juge de paix sera incompétent sur le tout, si cette part excède les limites de sa juridiction.

Le présent article n'est pas applicable au cas de solidarité, soit entre les demandeurs, soit entre les défendeurs.

ART. 10. — Les juges de paix connaissent de toutes les demandes reconventionnelles ou en compensation qui, par leur nature ou leur valeur, sont dans les limites de leur compétence, alors même que ces demandes réunies à la demande principale excèderaient les limites de leur juridiction.

Ils connaissent, en outre, comme de la demande principale elle-même, des demandes reconventionnelles en dommages-intérêts fondées exclusivement sur la demande principale, à quelque somme qu'elles puissent monter.

ART. 11. — Lorsque chacune des demandes principales reconventionnelles ou en compensation sera dans les limites de la compétence du juge de paix en dernier ressort, il prononcera sans qu'il y ait lieu à appel.

Si une de ces demandes n'est susceptible d'être jugée qu'à charge d'appel, le juge de paix ne prononcera sur toutes qu'en premier ressort.

Néanmoins, il statuera en dernier ressort si seule la demande reconventionnelle en dommages-intérêts, fondée exclusivement sur la demande principale, dépasse sa compétence en premier ressort.

Si la demande reconventionnelle ou en compensation excède les limites de sa compétence, il pourra soit retenir le jugement de la demande principale, soit renvoyer sur le tout les parties à se pourvoir devant le tribunal de première instance, sans préliminaire de conciliation.

Art. 12. — Les juges de paix connaissent des actions en validité et en nullité d'offres réelles autres que celles concernant les administrations de l'enregistrement ou des contributions indirectes, lorsque l'objet du litige n'excède pas les limites de leur compétence.

Art. 13. — Les juges de paix connaissent des demandes en validité, nullité et mainlevée de saisies sur débiteurs forains pratiquées pour des causes rentrant dans les limites de leur compétence.

En cette matière, comme en matière de saisie-gagerie et de saisie-revendication, si les saisies ne peuvent avoir lieu qu'en vertu de la permission du juge dans les cas prévus par les articles 2102 du Code civil, 819 et 822 du Code de procédure civile, cette permission sera accordée par le juge de paix du lieu où la saisie devra être faite, toutes les fois que les causes de la saisie rentreront dans sa compétence.

S'il y a opposition pour des causes qui, réunies, excéderaient cette compétence, le jugement en sera déféré aux tribunaux de première instance.

Art. 14. — Les juges de paix connaissent des demandes en validité, en nullité et en mainlevée de saisies-arrêts et oppositions — autres que celles concernant les administrations de l'enregistrement et des contributions indirectes, — ainsi que des demandes en déclaration affirmative, lorsque les causes des saisies n'excèdent pas les limites de leur compétence, sans préjudice de l'application de la loi spéciale du 12 janvier 1905 sur la saisie-arrêt des salaires et des petits traitements.

En cette matière, la permission exigée à défaut de titre par l'article 558 du Code de procédure civile sera délivrée par le juge de paix du domicile du débiteur et même par celui du domicile du tiers saisi, sur requête signée de la partie ou de son mandataire.

Art. 15. — Les juges de paix seront seuls compétents pour procéder, à défaut d'entente amiable entre les créanciers opposants et le saisi, à la distribution par contribution des sommes saisies, lorsque les sommes à distribuer n'excèderont pas 600 francs de principal. Cette distribution sera faite, après le dépôt de la somme à distribuer à la Caisse des dépôts et consignations, dans les formes prévues par les articles 11 à 18 de la loi du 12 janvier 1895 et par le décret du 8 février suivant.

Si les titres des créanciers produisants sont contestés et si les causes de la contestation excèdent les limites de leur compétence, les juges de paix surseoiront au règlement de la procédure de distribution jusqu'à ce que les tribunaux compétents se soient prononcés et leur jugement rendu définitif.

Art. 16. — Les juges de paix peuvent autoriser une femme mariée à ester en jugement devant leur tribunal, lorsqu'elle n'obtient pas cette autorisation de son mari entendu ou dûment appelé par voie de simple avertissement.

Ils peuvent aussi, dans les cas prévus à l'article 5 de la présente loi, autoriser les mineurs à ester en justice devant eux.

Dans tous les cas, il sera fait mention dans le jugement de l'autorisation donnée.

Art. 17. — Les juges de paix connaissent des actions en payement des frais faits ou exposés devant leur juridiction.

DE L'UTILITÉ ET DES AVANTAGES PRATIQUES
DE CETTE LOI

La compétence des Juges de Paix, en matière civile, réglée, dans le principe, par la loi des 16-24 août 1790, titre III, a été, jusqu'au 12 juillet 1905, déterminée par celle du 25 mai 1838, modifiée elle-même par la loi du 2 mai 1855.

Cette loi (25 mai 1838) jusques à aujourd'hui est restée telle qu'elle était, mais le temps a marché, et ce qui était normal il y a soixante ans passés, se trouvait à notre époque absolument insuffisant. Les Justices de Paix, restreintes dans leurs attributions et tenues dans une compétence trop étroite (faible), 100 francs en dernier ressort et 200 francs à charge d'appel, n'étaient, sauf quelques rares exceptions, n'étaient en quelque sorte que des antichambres de Tribunaux de première instance ; leurs jugements étant néanmoins frappés d'appel par un adversaire mécontent dans la presque généralité des cas soumis à leur juridiction.

La loi nouvelle a, jusqu'à un certain point, obvié à ces inconvénients : elle a dans de notables proportions élevé la compétence des Juges de Paix, en matière civile de toutes actions purement personnelles ou mobilières, c'est-à-dire que toutes les difficultés pouvant s'élever entre deux personnes pour un règlement ou contestation quelconque sur tout sujet non commercial, peuvent être maintenant réglées par le Juge de Paix aux moindres frais jusqu'à 300 francs en dernier ressort et 600 francs à charge d'appel au lieu de 100 francs pour le premier cas, et 200 francs à charge d'appel qui était le taux de sa compétence sous l'ancienne loi.

Les paragraphes premier, deuxième et troisième de l'art. 2 de la loi du 12 juillet 1905 qui sont la représentation de l'article 2 de la loi du 25 mai 1838, n'ont rien changé à son dispositif, mais ont élevé le taux de la compétence dans les mêmes proportions que l'article 1 pour l'action en dernier ressort, et ont maintenu cette même compétence à charge d'appel jusqu'au taux de la compétence en dernier ressort (500 francs) des Tribunaux de 1re instance.

Par le paragraphe 4e du même article deuxième, elle a soumis à la compétence du Juge de Paix, toutes contestations à l'occasion des correspondances d'objets recommandés et des envois de valeur déclarée grevés ou non de remboursement.

Ce paragraphe a une grande importance, car jusqu'à aujourd'hui les réclamations faites à ce sujet étaient purement administratives, ou la demande faite par la partie lésée, portée devant les tribunaux compétents, entraînait le plus souvent de grandes lenteurs et des frais excessifs disproportionnés le plus souvent à l'objet faisant le litige.

L'article 3 de la présente loi sur les contestations entre propriétaires et locataires, en outre de quelques particularités nouvelles, a apporté deux modifications importantes à l'ancien texte de la loi sur les Justices de Paix : 1° en élevant le taux de la compétence en dernier ressort de 100 à 300 fr.; et ce lorsque les locations verbales ou écrites n'excèderont pas 600 francs annuellement, au lieu de 400 francs portés dans l'ancienne loi.

La loi du 12 juillet 1905, entre autres améliorations, a comblé une lacune qui était préjudiciable à la généralité des contribuables ; elle a, par le paragraphe 5 de l'article 6, rendu les Juges de paix compétents en matière de constatations relatives à la perte, avarie ou détournement d'un colis postal, ainsi qu'au retard apporté à la livraison et a, par ce fait, rendu justiciables de leurs tribunaux toutes compagnies de chemins de fer ou maritimes et tous autres transporteurs quelconques tant par terre que par eau.

L'article 7 de la nouvelle loi a, par une disposition autant humanitaire que juste, élevé la compétence des juges de paix, en matière de demande de pension alimentaire, conformément aux articles 205 et 207 du Code civil à 600 francs, chiffre auquel peut devant leur juridiction être portée la demande. Il était, en effet, inadmissible que des parents amenés par le besoin à la dure nécessité d'appeler devant un Tribunal des enfants se refusant à subvenir selon leurs forces à leurs besoins, soient obligés d'avoir recours à la procédure longue et coûteuse des Tribunaux de première instance pour obtenir une pension supérieure à 150 francs, chiffre que d'après la loi de 1838, le Juge de paix ne pouvait dépasser.

A noter qu'en augmentation de l'ancienne loi, les juges de paix connaissent aussi mais à charge d'appel des demandes en paiement du droit de place perçus par les communes.

Ils connaissent aussi de toute la procédure des saisies-arrêts et oppositions, lorsque les causes des saisies n'excèdent pas leur compétence, augmentation de leur ancienne compétence en la matière qui se bornait aux saisies-arrêts des salaires et petits traitements, régie elle-même par la loi spéciale du 12 janvier 1895.

Enfin, les Juges de paix peuvent autoriser une femme mariée à ester en jugement devant leur tribunal, c'est-à-dire à se présenter seule sans autorisation de son mari ; également les mineurs, mais dans le cas de contestations élevées entre eux et leur patron, relativement à leurs engagements respectifs.

En résumé, la loi nouvelle sur les Justices de paix a voulu dans une large mesure et autant que le changement d'attributions pouvait aussi bien permettre à tous de se faire rendre justice dans les difficultés journalières et les contestations pouvant s'élever couramment entre particuliers devant les justices de paix, tribunaux de conciliation avant tout, où la marche des affaires est plus rapidement débarrassée d'une procédure longue, coûteuse, encombrée de formalités inutiles qui ne peuvent le plus souvent qu'être un obstacle et empêcher maintes fois une personne lésée à porter ses doléances devant un Tribunal de première instance.

Nous avons voulu par ces quelques lignes rapides qui précèdent, faire ressortir les points saillants de la loi du 12 juillet 1905.

La loi nouvelle sur les Justices de Paix a ouvert pour ainsi dire un horizon nouveau à la procédure courante en permettant pour arriver à un même but, économie de temps et d'argent.

Il faut que le lecteur sache bien qu'il a le droit sans le concours de personne de plaider lui-même ou faire plaider s'il le juge convenable par quiconque devant les Tribunaux de Paix sur tous les cas indiqués dans le texte de la loi précitée et ce à peu de frais, avec solution rapide et qu'il n'a aucun besoin de tiers officiels pour cela.

Il faut qu'il sache bien aussi, et cela n'est en quelque sorte que le corollaire de la nouvelle loi, il faut qu'il sache bien que de même qu'il a le droit de plaider lui-même, il peut aussi à de rares exceptions près, rédiger lui-même les actes et transactions quelconques. Car il faut bien le dire, il n'existe dans la loi que quelques actes pour lesquels le concours du notaire est indispensable, tels entre autres que : *contrat de mariage, testament public, donations entre vifs et donations-partages, actes de respect, procurations pour vendre des titres de rente nominatifs ou pour accepter une donation et actes similaires.* En somme, le notaire, conformément à l'article premier de la loi du 25 Ventôse an XI, n'est, dans le plus grand nombre des cas, que le secrétaire des parties, se bornant simplement à consigner leurs dires et à donner à l'acte la formule officielle, car pour tous les actes quelconques en dehors de ceux ci-dessus énoncés, toute personne sachant écrire peut valablement consentir et passer n'importe quel acte sous seing privé, c'est-à-dire signé simplement par les parties contractantes, et cette transaction, quelle qu'elle soit, est absolument valable. On peut donc éviter bien des frais en rédigeant soi-même ou en faisant rédiger par des personnes compétentes, mais indépendantes, tous les actes quelconques, tels que *baux, ventes, partages, procurations, billets, bordereau d'inscription hypothécaire, mutations, déclarations de successions* et tous autres actes *pour lesquels le ministère d'un notaire n'est pas exigé par la loi.*

Nous serions heureux de voir le public étudier la nouvelle loi avec attention et dans le cas où le lecteur ne serait pas suffisamment éclairé par les quelques indications relatées brièvement dans ce petit commentaire, d'ores et déjà M⁰ *Chabanon* se tient à la disposition des personnes désireuses de recevoir des renseignements complémentaires qu'il leur donnerait d'ailleurs à titre purement gracieux.

M⁰ Chabanon rappelle à ses nombreux amis et clients, qu'il s'occupe d'une façon toute particulière de la *direction des procès civils et commerciaux, qu'il défend lui-même devant les Tribunaux de commerce, de paix et de prud'hommes. s'occupe, en outre, du recouvrement de créances, encaissements de loyers, gérances d'immeubles, résiliation de baux verbaux et écrits, et de la procédure y relative, etc.*

Egalement de la rédaction de tous actes sous seing privé, tels que actes de vente d'immeubles. partages de famille, actes de société. vente de fonds de commerce, baux de toute nature, déclarations de succession, procurations, et enfin toutes transactions quelconques que la loi permet de rédiger en forme privée.

Dans le but d'être agréable à ses nombreux clients, retenus la semaine par leurs occupations, *M° Chabanon sera dans son cabinet, sis à Montpellier, rue de l'Argenterie, 29, tous les dimanches de 8 à 11 heures du matin.*

Indépendamment de la représentation devant les différentes juridictions de Montpellier, M° Chabanon se charge des intérêts de ses clients dans tous les cantons de l'arrondissement et suit plus particulièrement les audiences des cantons de Castries et de Mauguio.

Il donne des conseils juridiques dans une salle de la Mairie de Mauguio, le dimanche de 2 heures à 4 heures, tous les quinze jours.

A Castries, le jeudi de 8 heures à 10 heures, salle d'audience.

MONTPELLIER. — IMPRIMERIE G. FIRMIN, MONTANE ET SICARDI

www.ingramcontent.com/pod-product-compliance
Ingram Content Group UK Ltd.
Pitfield, Milton Keynes, MK11 3LW, UK
UKHW020123100726
13658UKWH00005B/2334